Antje Balters
Gottes Güte ist nicht nur ein Traum

Auf:Atmen
Inspiration

Antje Balters, geboren 1956, arbeitete nach ihrem Studium der Amerkanistik, Anglistik, Publizistik und Germanistik 1984-1989 als Lektorin beim Aussaat Verlag in Neukirchen-Vluyn. Von 1986-1994 war sie Redakteurin des Magazins SCHRITTE. Seit 1990 ist sie freiberuflich als Redakteurin, Übersetzerin, Lektorin, Buchautorin und Referentin tätig. Sie ist verheiratet und hat fünf Kinder.

Antje Balters

Gottes Güte ist nicht nur ein Traum

R. BROCKHAUS VERLAG WUPPERTAL

AUFATMEN
Inspiration

erscheint in Zusammenarbeit
zwischen dem R. Brockhaus Verlag Wuppertal
und dem Bundes-Verlag Witten
Herausgeber Ulrich Eggers

Für Christa Weber

© R. Brockhaus Verlag Wuppertal 2002
Umschlag: Dietmar Reichert, Dormagen
Druck: Breklumer Druckerei Manfred Siegel KG
ISBN 3-417-24442-0
Bestell-Nr. 224 442

Ich muss doch tüchtig und gut sein

Im Einklang mit mir selbst

Ich sitze im Zug auf der Fahrt durch Mecklenburg-Vorpommern. Die Landschaft zieht an mir vorbei. Es ist sonniges Septemberwetter, aber der Herbst hält unverkennbar Einzug. Ich bin ruhig und genieße die Fahrt, auch wenn diese Landschaft so etwas wie Wehmut in mir auslöst. Ich verzehre Butterbrote, die eine Frau mir nach der Veranstaltung als Proviant für die Rückfahrt gemacht hat. Ich fühle mich wahrgenommen, umsorgt.

Und trotz der drängenden Frage, ob ich am übernächsten Tag den Flug zu einem christlichen Frauenkongress in den USA antreten soll, für den ich als Dolmetscherin engagiert bin, stehe ich nicht neben mir und schimpfe mit mir wegen meiner Unentschlossenheit. Ich sitze in dem Zug und bin ich selbst. Mit meinen Ängsten, der inneren Anspannung, der Zufriedenheit und Geborgenheit, mit der Trauer und auch Fassungslosigkeit über das, was am 11. September in den USA passiert ist. Aber auch mit der Freude und Zufriedenheit über die Veranstaltung, auf der ich ein Referat gehalten habe.

Ich muss an die Erdbeerpflanzen denken, die ich gekauft habe, um sie in unserem Garten zu pflanzen, und ich freue mich darauf. Das ist wahrhaftig nichts Spektakuläres, aber das Kleine ist auch schön. Ich sitze in dem Zug und darf so sein, wie ich bin. Nicht mehr und nicht weniger.

Ich bin eine Frau, die unterwegs ist, und der Weg, auf dem ich gehe, war streckenweise ziemlich steinig.

Vor ungefähr fünf Jahren

„Wenn auch nur einer mir heute Abend sagt, was ich tun oder lassen soll, dann schreie ich!" Das sind meine Gedanken an diesem Hauskreisabend. Ich kann nicht mehr. Bin körperlich, seelisch und auch geistlich ziemlich am Ende. Wir haben fünf kleine Kinder im Alter zwischen neun Jahren und fünfzehn Monaten. Seit etwa sechs Wochen zahnen unsere fünfzehn Monate alten Zwillinge und sind deshalb jede Nacht zwischen halb zwölf und vier wach.

Ich habe mich mit dem Amt als Vorsitzende des Schulelternrates in der Grundschule völlig übernommen. Habe mich wählen lassen, weil ich dachte, dass gerade an solchen Stellen, wo Entscheidungen über die Erziehung unserer Kinder getroffen werden, Christen sitzen müssen. Habe den Arbeitsaufwand einer solchen Position für mich völlig unterschätzt und auch nicht gedacht, dass mir die Zusammenarbeit mit der Rektorin so große Schwierigkeiten bereiten würde.

Habe pausenlos Schuldgefühle den Kindern und meinem Mann gegenüber, weil ich mich ihnen entziehe, wo ich kann, nur damit ich nicht mit noch mehr Forderungen konfrontiert bin. Bin innerlich gar nicht anwesend, was die Kinder natürlich mit quengeliger Anhänglichkeit oder anderen Formen von Forderungen quittieren. Ich fühle mich in meinem Status als Hausfrau und Mutter nicht wertgeschätzt, von allen übersehen.

Um irgendwoher Bestätigung zu bekommen, wie ich sie für mich brauche, gehe ich auch weiterhin meinem Beruf nach, freiberuflich, immer zu Hause, zwischen Windeln, Wäschebergen, mit lärmenden Kindern und deren (berechtigten) Forderungen im Nacken.

Wenn mein Mann morgens das Haus verlässt, beneide ich ihn glühend, denn ich bleibe hier am abgegessenen Frühstückstisch zurück mit den beiden Kleinsten. Es gibt keine Oma und keinen Opa in der Nähe, die mir hin und wieder die Kinder abnehmen oder mich sonst entlasten könnten. Vor Müdigkeit neben mir stehend taumele ich durch den Tag und flehe Gott um Kraft an. Ich habe keine Ahnung, ob ich überhaupt noch erwarte, dass dieses Gebet etwas bewirken könnte. Schon eher erwarte ich eigentlich, dass gleich die Männer mit den weißen Kitteln vor der Tür stehen und mich abholen wollen.

Aber nicht einmal das geschieht. Es geschieht gar nichts – jedenfalls nichts, was ich in diesem Zustand noch wahrnehmen würde.

Hauskreisabende, Stille Zeit, Gottesdienst – das ist nur immer noch eine Last mehr für mich. Ich fürchte mich davor, meine Mitchristen könnten merken, dass mir in jeder Beziehung die Puste ausgeht. Ich bringe es einfach nicht, und dabei will ich doch perfekt sein, will allen zeigen, dass ich das auch allein schaffe – mit Jesus, versteht sich.

Ich werde zunehmend ärgerlich auf mich selbst, die so offensichtlich schlappmacht. Über Mitmenschen, die anscheinend einfach nicht von selbst darauf kommen, wie dringend ich Hilfe brauche. Über Gott, der doch versprochen hat, immer da zu sein und mir zu helfen, aber mir offenbar wieder mal zeigen will, dass ich es eben doch nicht bringe. Über alle, denen es vermeintlich viel besser geht als mir und die sich dafür anscheinend noch nicht einmal anstrengen müssen. Über alle, die mich als schwach, hilfsbedürftig und unvollkommen entlarven könnten.

Und dann lese ich einen Artikel von Lynne Hybels in der Zeitschrift AufAtmen – ich verschlinge ihn förmlich und kann dann nur noch weinen. Sie fasst in Worte, was in mir schwärt und sich auf alle Bereiche meines Lebens auswirkt. Genauso ist das doch bei mir auch. Auch ich empfinde mich als gespalten, als abgespalten von mir selbst. Genau wie sie will ich doch alles gut und richtig machen, will ich doch Gott gefallen und tüchtig sein, will ich aber auch inneren Frieden, Zugang zu mir selbst, will ich Gelassenheit, Heiterkeit, ein inneres Zuhause und Geborgenheit.

Genau wie Lynne Hybels bin auch ich gepackt von der Sehnsucht herauszufinden, wer ich – in Gottes Augen – eigentlich bin. Da schreibt eine Frau, die offenbar ganz Ähnliches durchlebt hat wie ich.

Und das, was sie unternommen hat, um Antworten auf ihre Fragen zu bekommen – das will ich auch! Einfach mal aussteigen. Weg mit dem ganzen Ballast und dann sehen, was übrig bleibt!

Aber Lynne Hybels ist die prominente Frau eines prominenten Pastors in Amerika, die etwas zu sagen hat und der zugehört wird. Sie kann es sich natürlich leisten, mal für eine Weile auszusteigen. Sie hat das Recht dazu, denn an sie werden ja auch ganz andere Anforderungen gestellt als an eine völlig „unprominente" Hausfrau und Mutter in einem niedersächsischen 1000-Seelen-Dorf.

Weinend, ziemlich aufgelöst und in innerem Aufruhr findet mein Mann mich vor, als er nach Hause kommt. Ich erzähle ihm, was passiert ist, wie toll, aber auch wie unrealistisch es wäre, auch einmal eine Pause einzulegen, zumindest was fromme Aktivitäten angeht, worauf er mit der erstaunlich simplen Frage reagiert: „Was hindert dich denn daran? Warum tust du es nicht einfach?"

„Was hindert dich denn daran? Warum tust du es nicht einfach?"

Ja, was hindert mich eigentlich? Zum Beispiel die Vorstellung, was wohl die anderen aus Hauskreis und Gemeinde dazu sagen würden. Mich hindert die Frage, ob ich überhaupt Christin bleiben kann, wenn ich mich eine Zeit lang von der Gemeinde fern halte. Die Angst, noch weniger Aufmerksamkeit zu bekommen, als nach meinem Empfinden ohnehin schon. Wie soll das erst werden, wenn ich in der Gemeinde nicht mehr anwesend bin?

Mich hindert die Vorstellung, dann eine Rolle aufgeben zu müssen, die mich ein Stück weit am Leben gehalten und meine Existenz gerechtfertigt hat, nämlich die zu sein, die das alles schafft, die zäh ist, ausdauernd, kompetent, die es allen zeigt – auch geistlich, versteht sich. Diese Rolle und dieses Selbstbild aufs Spiel zu setzen, ist das Allerschwerste.

Glücklicher- oder vielleicht passenderweise bin ich mit meinen Kräften so am Ende, dass auch all diese Ängste und Horrorvisionen meine Sehnsucht nach der „Auszeit" nicht mehr verdrängen können.

Am Ende sage ich mir: Wenn Gott wirklich etwas an mir liegt und wenn es stimmt, dass er sich leidenschaftlich eine Beziehung zu mir wünscht, dann muss er mir das zeigen, und dann muss das auch ohne all diese Anstrengungen meinerseits möglich sein, die mich ja offensichtlich kaputtmachen.

Dann tauche ich ab! Erst zitternd und zagend, dann mit dem Gefühl enormer Erleichterung. Von da an bete ich nur noch drei Dinge: „Herr, zeige mir, wer ich bin. Zeige mir, wer du bist –

und wie du mich siehst. Ich möchte es nicht mehr nur mit dem Kopf, sondern wirklich mit Kopf und Herz wissen. Ich möchte spüren, wie du mich liebst." Da ist zwar eine Ecke in mir, die diese Bitten für unverschämt hält, aber ich habe ja ohnehin schon alles auf eine Karte gesetzt ...

Leise Veränderungen

Von da an gibt es für mich keinen Hauskreis mehr, keine „ordnungsgemäße" Stille Zeit, keinen Gottesdienst. Stattdessen fange ich an, Ausdauersport zu betreiben. Ich laufe. Das habe ich seit Jahren nicht mehr getan, habe keine Zeit gehabt ...

Jetzt bin ich jeden Tag mindestens eine Stunde lang unterwegs; zugegeben, anfangs mit schlechtem Gewissen. Jetzt wird mir klar, wie sehr ich mich in den letzten Jahren danach gesehnt habe. In der rhythmischen Bewegung, in meinem tiefen Atmen, in der Anstrengung spüre ich mich, merke ich, dass ich nicht nur funktioniere, sondern wirklich bin. In diesen Zeiten ist Gott mir nah und ich fange an, mich darauf zu freuen.

Es sind ganz kleine Schritte, in denen sich etwas verändert. Irgendwann ist das schlechte Gewissen weg, dass ich in dieser Stunde nicht für meine Familie da bin. Es weicht der Erkenntnis, dass wir alle, sie und ich, davon profitieren. Ich fange an, wirklich mit dem Herzen zu glauben, dass ich diese Zeit ganz für mich allein haben darf. Es ist in Ordnung. Ich brauche mich nicht zu rechtfertigen, weder vor anderen noch vor mir selbst. Ich darf etwas haben und tun, was mir gut tut.

Es ist auch in Ordnung, wenn in dieser Zeit weder geistlich noch intellektuell noch sonst merklich etwas passiert – außer dass ich meiner eigenen Bewegung, meinem eigenen Rhythmus nachspüre. Mir ist zunächst zwar ein bisschen bange bei dem Gedanken, wie „ungeistlich" diese Tätigkeit ist, aber auch diese Bangigkeit legt sich erstaunlich schnell. Diese Zeit muss nicht „geistlichen Profit" bringen. Ich darf einfach sein. Eine ganz neue, geradezu atemberaubende Erfahrung – und was für eine Erleichterung!

Mit der wachsenden Erkenntnis, dass ich einfach sein darf, auch ohne Leistung, wächst mein

Verlangen nach Fürsorge. Ich spüre zum ersten Mal bewusst, wie sehr ich mich danach sehne, bemuttert zu werden. Ich wünsche mir, jemand

Ich darf etwas haben und tun, was mir gut tut.

kümmert sich darum, dass es mit mir weitergeht. Allerdings wird mir klar, dass mein Mann wie auch meine Mitchristen mit der Aufgabe überfordert sind, mich zu bemuttern. Ich wage es deshalb, mich mit diesem Anliegen an Jesus zu wenden.

Aber in mir ist dabei sofort auch die Frage: Traue ich mich denn überhaupt, mich von Jesus bemuttern zu lassen? Was passiert denn, wenn ich mich auf seine Fürsorge, so wie er sie für richtig hält, einlasse? Was passiert denn dann mit meinen Lebens-Hilfskonstruktionen, die ich so mühsam aufgebaut und eingeübt habe? Wer bin ich denn ohne meine Leistungsnachweise?

Für wen habe ich das eigentlich alles die ganze Zeit gemacht, für wen habe ich mich dermaßen abgerackert? Auf dem Grunde meines Herzens finde ich schließlich die Antwort – und sie heißt nicht „Jesus".

Ich habe Angst! Aber ich weiß auch genau, dass es nur diesen einen Weg gibt: Wenn ich das haben will, was Jesus mir zugesagt hat – nämlich die Fülle –, kann ich sie nur von ihm selbst bekommen. Dann kann ich ihn nur bitten, mir zu zeigen, was die Fülle ist, und mir den Mut zu geben, mich von meinen Masken, Tarnungen und Fassaden zu trennen. Denn sie hindern ihn am Zugang zu der überforderten, an Minderwertigkeitsgefühlen leidenden Person, die ich in Wirklichkeit bin.

Dann kann ich ihn nur bitten, mir für mein Herz nachvollziehbar zu zeigen, wie seine Liebe sich anfühlt, und diese Sehnsucht nach seiner Fülle bei mir nicht einschlafen zu lassen. Wo mir bewusst wird, dass ich mich wieder hinter Masken und Fassaden verstecke, schaffe ich es hin und wieder, sie freiwillig abzulegen und mich Gott so schwach und hilflos zu zeigen, wie ich bin. Das ist jedes Mal ein bisschen wie sterben.

Aber ich weiß jetzt: Ich darf Fehler machen, ich darf Angst haben, darf schwach sein – ich darf aufhören, so zu tun als ob. Das entlastet mich unglaublich. Und ich merke, dass hier meine

Bitte um Bemutterung schon erfüllt wird. Jesus zeigt mir, was ich mir wünsche, was mir gut tut, welche Vorlieben ich habe. Er macht mir deutlich, dass ich auf mich selbst achten darf und mich nicht ständig übergehen soll, um irgendjemandem (unter anderem auch ihm) etwas zu beweisen.

Aber auch das muss wachsen. Am Anfang spüre ich das alles zwar in Ansätzen, aber dieses elende Gefühl morgens am abgegessenen Frühstückstisch mit den wuselnden Zwillingen und Bergen von (mir oft sinnlos erscheinender) Hausarbeit ist immer noch da. Dieser Augenblick, wenn mein Mann und die Großen sich auf den Weg zur Schule gemacht haben, der Kleine in den Kindergarten gebracht ist und ich mit den Zwillingen und mit ungemachten Betten, eingekrümelten Teppichen, Geschirr- und Wäschebergen zurückbleibe, veranlasst mich zu verzweifelten Hilferufen in Richtung Himmel: „Jesus, du musst jetzt was machen – ich halte es nicht mehr aus! Es ist zu

Traue ich mich denn überhaupt, mich von Jesus bemuttern zu lassen?

viel für mich! Ich gehe unter! Keiner sieht mich! Keiner liebt mich! Das ist doch kein Leben, das ist nur noch Funktionieren!"

So habe ich häufig geschrien, und das, obwohl ich in Ansätzen schon merkte, dass es einen Ausweg gab, obwohl ich wusste – sogar ein bisschen mit dem Herzen –, dass Jesus etwas an mir lag.

Jesus hat dieses verzweifelte Schreien immer gehört und er hat auch immer (!!!) geantwortet. Wenn ich an dem Punkt war, an dem ich alles auf ihn gesetzt habe, hat er immer gehandelt. Manchmal in Form von Schokolade oder Blumen von freundlichen Menschen, manchmal aber auch völlig unspektakulär, indem ich meine Situation aus einer anderen Perspektive oder mit größerer innerer Distanz anschauen konnte.

Die Kleinen haben ihre Zähne nicht schneller gekriegt. Die Bügelwäsche war immer noch knochentrocken und verkrumpelt, die Sonne schien immer noch gnadenlos durch ungeputzte Fenster, und die Zwillinge hatten trotzdem den Schrank mit den Gesellschaftsspielen leer geräumt und standen knietief in Mikadostäbchen, Spielkarten und Dominosteinen. Aber ich konnte jetzt spüren, wie Gott zu mir sagte: „Ich liebe dich auch müde, gereizt und überfordert. Und egal, was du leistest – es mag viel bewirken, aber nicht, dass ich dich mehr liebe."

„Ich liebe dich auch müde, gereizt und überfordert."

Das war der Schlüssel. Ich begriff immer mehr: Gott will nichts von mir, als dass ich mich von ihm lieben lasse – und das ist schon schwer genug. Er möchte, dass ich meine Versuche einstelle, ihm zu beweisen, ich hätte seine Liebe eigentlich doch verdient – wenigstens ein bisschen. Ich konnte aufhören, tüchtig, kompetent, hilfsbereit, demütig und was sonst noch alles an christlichen Tugenden wünschenswert ist, zu sein. Ich durfte einfach ich sein, nicht mehr und nicht weniger, und ich glaube, dass ich schneller gewagt habe, das zu leben, weil da niemand mehr war, der mir gute Ratschläge gab, und niemand, vor dem ich mich geistlich hätte profilieren können.

Da waren nur Jesus und ich, und ich hatte die Wahl, ihm zu glauben, dass er mich bedingungslos liebt, oder mit meiner „Leistungsnummer" wie gehabt weiterzumachen. Und diese doch relativ eingeschränkte Alternative hat für mich vieles erleichtert.

Ich fühlte mich gesehen, beachtet, wertgeschätzt und manchmal sogar schon geliebt – für mich ein höchst gewöhnungsbedürftiges Gefühl, das mich verunsicherte, mich bisweilen ängstigte. Es gab immer wieder Punkte, an denen ich dachte: Das ist bestimmt gar nicht wahr, und das dicke Ende wird unweigerlich kommen. Aber ich merkte, dass hier ein neuer Anfang war, ein fester Punkt, auf dem ich stehen und von dem aus ich mich weiter entfalten konnte zu Jesus hin.

Gott ist nicht der, für den ich ihn bis jetzt gehalten habe

Damals wurde mir wirklich klar, und zwar im Herzen, dass Gott nicht der Sittenwächter ist, der aufpasst, ob ich auch alles richtig mache, der gnadenlose Antreiber, der nur zufrieden ist, wenn ich genug geleistet habe, und für den „genug" gleichbedeutend ist mit „bis zur völligen

Erschöpfung". Der mich nur bestätigt, wenn ich wirklich tüchtig war.

Mit dem Kopf hatte ich sehr wohl verstanden, was in der Bibel von der bedingungslosen Annahme steht, und ich hatte mich förmlich danach verzehrt. Jetzt auf einmal begann ich ganz langsam – und der Prozess dauert bis heute an – zu begreifen, dass er mich will. Dass er sich nach einer Beziehung zu mir sehnt, nach meiner Nähe – unbegreiflich.

Er ist nicht der, der nur darauf wartet, dass ich versage oder gar scheitere, um dann das große Leuchtschild mit der Aufschrift „Siehste" hochzuhalten. Er will mein Herz, und zwar so, wie es ist: verletzt, zerrissen, bedürftig, hart. Und er will es nur, wenn ich es ihm freiwillig gebe.

Er beweist mir, dass seine Liebe nicht abhängig ist von meinem Verhalten – so ekelig oder tadellos es auch sein mag, so sehr ich mich selbst auch verabscheuen mag – er liebt mich. Er will mich.

Er führt mich an meine Verletzungen heran, und in diesem Geborgen- und Angenommensein, von seinem Schoß aus, wenn man so will, wage ich hinzusehen, wage ich es, mich und mein

Leben anzusehen. Ich staune darüber, wie behutsam er mich an mich selbst und die Wunden heranführt.

Das gibt mir immer wieder den Mut weiterzugehen, auch wenn es schrecklich weh tut, wenn ich das Gefühl habe, einen Schritt vor- und zwei wieder zurückzugehen. Auch wenn ich mich frage, wieso ich immer wieder in dieselben Verhaltensfallen tappe.

Begriffe, die ich früher nie mit Gott in Verbindung gebracht hätte, passen jetzt zu ihm – und ich finde sie plötzlich auch in meinem Leben: Wohlbehagen, Geborgenheit, Spaß, Schutz, Gemütlichkeit. Wenn ich etwas fühle, dann darf das so sein – auch und vielleicht gerade in Beziehung zu Gott. Es gibt bei ihm keine „erlaubten" bzw. „verbotenen" Gefühle. Alles hat Raum bei ihm. Alles darf ich ihm bringen.

Erleuchtete Fenster

Ich erinnere mich an einen kalten Wintertag in Ohio, USA. Dort war ich für ein Jahr als Studentin und Assistentin am College, und nach drei Monaten Eingewöhnungszeit fühlte ich mich verlassener, unverstandener, fremder als am Anfang. Damals wollte ich noch nicht Christin sein und hatte niemanden, an den ich mich wenden konnte.

Eines Abends ging ich wie immer vom College in das Apartment, das ich mit einer amerikanischen Studentin teilte. Mein Weg führte an den Fenstern vieler Studenten-Apartments entlang, und weil es schon dämmerte, konnte ich in einige hineinsehen. Hinter einem der Fenster sah ich ein gemütlich eingerichtetes Zimmer. Es war behaglich beleuchtet und hatte einen schönen Teppich. Auf dem Sofa saß in eine Decke eingekuschelt eine junge Frau und las. Auf dem Teppich, an das Sofa gelehnt, ihr Partner. Alles war in warmes Licht getaucht. Ein harmonisches, friedliches Bild, für mich der Inbegriff von Geborgenheit. In diesem Augenblick empfand ich ein Sehnen nach so einer Geborgenheit, das mir körperlich wehtat. Und das Schlimme – ich hatte nicht den Hauch einer Ahnung, wie ich sie bekommen konnte.

Erleuchtete Fenster im Herbst und Winter hatten seitdem immer etwas Schmerzauslösendes, Sehnsuchtweckendes für mich. Manchmal brachten sie mich fast zum Weinen vor Sehnsucht, auch nachdem ich schon lange Jahre mit Jesus gelebt hatte.

Je mehr ich begriff und auch wirklich erleben konnte, dass ich bei Jesus einfach sein und auch bleiben kann und er mich genau so auf- und annimmt, wie ich bin, und je mehr ich mich deshalb traue, die zu sein, die ich bin, ohne mich mit irgendwelchen Kraftakten aufzuwerten, finde ich diese Geborgenheit immer mehr. Als ich kürzlich wieder an einem erleuchteten Fenster vorbeiging und eine heimelige häusliche Szene sah, stellte ich ganz erstaunt fest, dass sie mich nicht mehr fassungslos machte und dass auch dieses Sehnen weg war.

Im Laufe der Zeit, in der ich in diesem Heilungsprozess mit Jesus unterwegs bin, hat sich mein Sehnen erfüllt! Ich habe jetzt dieses erleuchtete Fenster, diese behagliche Szene in mir. Ich bin ein erleuchtetes Fenster geworden, wenn man so will. Es ist ein spürbares Zeichen von Heilung, über das ich mich sehr freue. Dieser Schritt zur Heilung kam als Geschenk. Er kam, als ich aufhören konnte zu versuchen, mir meine Heilung zu verdienen. Als ich keine andere Wahl mehr hatte, als allen Mut zusammenzukratzen und alles auf eine Karte zu setzen, auf Jesus. Er kam, als ich keine Kraft mehr hatte zu verdrängen. Als ich bereit wurde, wenn auch nur aus purer Erschöpfung, ihm wie ein Kind zu vertrauen und an seiner Hand zu gehen, auch ohne zu wissen, wohin er mit mir ging.

Mich und andere realistischer und liebevoller ansehen

Zwei Monate nach Beginn meiner Auszeit wage ich es endlich, eine Mütterkur zu beantragen – eine Mutter-ohne-Kind-Kur. Vier Wochen ohne Kinder, vier Wochen nicht funktionieren müssen!

Ich gestehe mir ein, dass ich eine Pause brauche und dass ich sie sogar haben darf. Ich gehe das Risiko ein, als Rabenmutter betrachtet zu werden, weil ich unsere noch nicht einmal zwei Jahre alten Zwillinge nicht mitnehme und auch die anderen drei zu Hause lasse – mitsamt dem Mann, der allerdings acht Stunden am Tag eine geschulte Haushaltskraft zur Seite hat.

Vier Wochen nicht einfach funktionieren zu müssen, sondern selbst meinen Tag gestalten, selbst entscheiden zu können, das ist für mich das Verlockendste an dem Kur-Projekt. Ich empfinde es als befreiend, nicht mehr dagegen aufzubegehren, dass ich Grenzen habe und jetzt an sie stoße. Nicht mehr pausenlos Forderungen an mich selbst zu stellen, sondern einfach erschöpft stehen zu bleiben. In dem Maße, in dem ich mir selbst meine Schwächen, meine Bedürftigkeit zugestehe, kann ich auch aufhören, an andere Forderungen zu stellen oder an ihnen herumzunörgeln. Ich fange an zu lernen, dass ich gar nichts muss – auch nicht gut und nett sein.

Ich darf Grenzen haben und Grenzen setzen. Ich darf sagen: Ich kann nicht (oder sogar: ich will nicht) – einfach so! Das hat mir eine große neue Freiheit gegeben. Zum einen, immer mehr zu mir selbst zu stehen, so, wie ich bin (und nicht erst, wenn die Erwartungen der anderen erfüllt sind) – auch in mich hineinzuhorchen, was ich mir wünsche, was mir gut tut, mich selbst wahrzunehmen. Zum anderen auch die Freiheit und Gelassenheit, die Menschen um mich her nicht mehr unter Druck zu setzen mit Forderungen und Erwartungen, ihnen ebenso Grenzen zu erlauben und ihr Sosein zu akzeptieren wie mein eigenes. Jetzt erst merke ich, wie sehr ich mich mit den Problemen anderer herumgeschlagen habe, wie viel von meiner Kraft dadurch verbraucht worden ist, die ich besser für mein eigenes Leben eingesetzt hätte.

Eine ganz praktische Konsequenz aus dieser Entwicklung bestand darin, alle meine Ehrenämter, auch den Vorsitz des Schulelternrates, aufzugeben, obwohl mir Letzteres ein bisschen peinlich war, weil ich erst wenige Monate im Amt gewesen war.

Heute stehe ich nicht mehr als Erste auf den Kuchenbäcker- und Geschirrspül-Listen der Kindergärten in unserem Lande, und ich rufe auch nicht laut „HIER", wenn Mitarbeiter für die Kinderarbeit gesucht werden, auch wenn ich meine eigenen Kinder zahlreich mitbringe. Ich bin mittlerweile bestens über das Angebot an Tiefkühltorten informiert und nutze es sogar für Kuchenbuffets – eine für meine Verhältnisse geradezu heroische Verhaltensweise.

Ich stelle fest, dass ich dadurch häufiger neben meinen Mitmenschen stehe als über ihnen. Und gegen Missfallensäußerungen oder -signale werde ich zunehmend unempfindlicher. Wenn ich jetzt bei mir eine Schwäche, einen Makel oder eine Untugend feststelle, dann nehme ich es zur Kenntnis und habe nicht mehr den unbedingten Wunsch, „das sofort wegzubekommen", denn die beiden gängigen Methoden – blinder Aktionismus oder Verdrängung, sind extrem anstrengend und darüber hinaus auch beziehungsfeindlich.

Ich halte Jesus das hin, was mich an mir selbst bedrückt, was mir Mühe macht. Er schaut es an, zeigt mir, woher es kommt oder wo es hingehört. Ich erfahre seine Vergebung und kann vergeben und bekomme fast immer Frieden darüber.

Das ist ein Weg, ein längerer Prozess, der immer wieder wehtut und anstrengend ist. Aber ich bin dankbar und erleichtert über den Anfang.

Rückschläge

Als ich nach einem halben Jahr Wartezeit endlich meine Kur antreten kann, nehme ich mir vor, die

Zeit „geistlich" zu nutzen. Ich packe viele Bücher ein, will lesen, geistlich weiterkommen. Mein Kurheim ist auf einer kleinen Insel, da gibt es nicht viel Ablenkung.

Aber dann kommt alles ganz anders. Ich kann nicht lesen, nicht nachdenken. Renne nur ständig wie aufgezogen am Strand entlang, kilometerweit, und spüre jetzt mit jeder Faser, wie lange ich die Grenzen meiner Kraft in jedem nur denkbaren Bereich schon überschritten habe. Ich kann nicht schlafen, komme überhaupt nicht zur Ruhe und habe ein schlechtes Gewissen – dass ich es nicht einmal packe, mich zu erholen.

Aber dann ist da wieder diese leise Stimme. Auf meinen kilometerlangen Strandwanderungen ist sie da, im Refrain eines damaligen Pop-Hits: „I'm wrapped up in your love." (Ich bin eingehüllt – wörtlich eingewickelt – in deine Liebe).

In dem Lied ist das wahrscheinlich ganz anders gemeint, aber für mich war das in diesem Augenblick alles, was ich von Jesus brauchte – eingehüllt zu sein in seine Liebe. Das habe ich dann auch genossen. Ich habe keine „geistlichen Aktionen" mehr initiiert, sondern mich von ihm einhüllen lassen. Und dann kam ich langsam zur Ruhe.

Meine Bücher nahm ich ungelesen wieder mit nach Hause – ohne mich dabei wie eine intellektuelle Niete zu fühlen.

Ich habe gelernt, dass es mich am weitesten bringt, einfach bei ihm zu sein, mich ganz bewusst seinem liebevollen Blick auszusetzen. Ich bin mir immer sicherer, dass mich das auf eine geheimnisvolle, aber klar erkennbare Weise verwandelt – mich mehr zu dem Menschen macht, als den er mich ursprünglich gedacht hat. Wenn ich mich so in seiner Nähe und Liebe sonne, brauche ich mich nicht anzustrengen, brauche nichts zu leisten oder zu bringen –, dann darf ich sein.

In diesem liebevollen Blick kann ich es auch ertragen, meine Fehler und Schwächen und meine Schuld zu sehen, weil ich weiß, dass ich trotz allem angenommen bin. In dieser vorbehaltlosen Nähe zu ihm gibt es keine Konkurrenz, kein Vergleichen, keinen Neid auf andere.

Ich brauche mich nicht mehr über das zu definieren, was ich tue

Weil ich als Kind in der Regel Bestätigung bekam, wenn ich etwas geleistet hatte, ist dieser Leistungsgedanke ganz tief in mir verwurzelt. Es entstand dadurch bei mir die innere Überzeugung, dass ich nur liebenswert, nur sichtbar und wertvoll bin, wenn ich ganz besonders viel – mehr als die anderen – leiste. Die Gemeinde ist in der Regel eine Kulisse, auf der sich solche Leistungsdemonstrationen herrlich inszenieren lassen. Wenn fromme Leute ihre Terminkalender zücken, dann reichen die erstens bis zum Jahr 2010 und sind zweitens oft randvoll, so dass mich das Grausen überkommt.

Im Hauskreis vor der Auszeit war es jedenfalls so, dass ausnahmslos alle zu viel um die Ohren hatten. Jeder wusste auch für die anderen ganz genau, was dagegen zu tun war – und letztlich machte jeder dann doch wieder in seiner Routine weiter.

Mir wurde immer wieder geraten, meine Berufstätigkeit, die ich ohnehin schon drastisch

Ich darf mich also entspannen und aufhören, ihm zu demonstrieren, dass sein Tod am Kreuz für mich eigentlich nicht nötig gewesen wäre.

reduziert hatte, an den Nagel zu hängen. Aber das konnte ich einfach nicht, weil sie mein „Fenster zur Welt" war, ein Stück „Normalität" und Struktur in meinem Alltag, der manchmal wirklich chaotisch war, auch wenn mein Mann sich immer intensiv mit eingebracht hat. Außerdem war es überwiegend der Beruf, für den ich Anerkennung bekam. Für meine Arbeit in der Familie gab es zwar so manchen mitleidigen Blick von Außenstehenden, aber nicht die Anerkennung, die ich mir wünschte.

Mir wird immer deutlicher, dass ich mich nur begrenzt in den anderen hineinversetzen kann. Ich versuche deshalb, Ratschläge nur noch zu erteilen, wenn ich darum gebeten werde. Mir als impulsivem Menschen fällt das ziemlich schwer, aber ich arbeite daran.

Als durch meine Auszeit plötzlich all die anderen Stimmen aus dem Umfeld von Gemeinde und

Hauskreis wegfielen, wurden mir zwei Dinge besonders deutlich:

1. Wie grotesk das Bild von Gott ist, demzufolge wir um seine Liebe durch Leistung wetteifern müssen.
2. Dass es nur zwei Möglichkeiten für mich gibt, wenn die Stimmen der Mitchristen weitgehend ausgeblendet sind – ich kann entweder stagnieren, einfach stehen bleiben, wo ich gerade stehe, oder ich kann zu Jesus gehen und ihn bitten, zu heilen, selbst zu handeln, damit ich damit aufhören kann, mich über Tun und Leistung zu definieren. Damit ich mit dem Herzen begreifen und mit dem Leben ergreifen kann, was Gnade bedeutet – dass er nämlich alles schon getan hat, damit ich annehmbar bin. Ich darf mich also entspannen und aufhören, ihm zu demonstrieren, dass sein Tod am Kreuz für mich eigentlich nicht nötig gewesen wäre.

Bei mir waren es besonders zwei Bereiche, in denen ich mich vor Gott und den Menschen beweisen musste: der Bereich als Mutter von

5 (!!!) Kindern und tüchtiger, patenter Hausfrau – und meine Berufstätigkeit.

Viele Christen haben überdurchschnittlich viele Kinder. Das liegt vermutlich nicht zuletzt daran, dass wir sie als Geschenk Gottes verstehen und annehmen und dass wir viel gelassener und zuversichtlicher in die Zukunft blicken können, auch angesichts aller Bedrohung, als Menschen, die bei der Kindererziehung nicht Jesus im Rücken haben.

Selbst auf die Gefahr hin, dass ich mich unbeliebt mache oder gar ketzerisch klinge – ich bin davon überzeugt: Eines der Motive für eine große Zahl von Christen (besonders von uns Frauen ...), viele Kinder zu bekommen, besteht darin, unsere Tüchtigkeit unter Beweis zu stellen. Wenn von einer „richtigen" Christin in gewissen Kreisen schon erwartet wird, dass sie zu Hause bleibt und ihre Erfüllung in Haushalt und Kindern findet – „dann aber auch richtig", sprich mit vielen Kindern und bis zur Erschöpfung. Seit ich zeitlichen Abstand zu meinem Erschöpfungszustand habe, bin ich betroffen, wie oft junge Christinnen, die als Hausfrauen und Mütter nicht berufstätig sind, über die Grenzen ihrer Kräfte gehen, um nur ja nicht in den Verdacht zu kommen, zu wenig zu tun. Perfektion scheint auch hier oft Ziel und Maßstab zu sein.

Es berührt mich schmerzlich, wenn junge Frauen mittwochs entbunden haben und sonntags wieder im Gottesdienst sind – mit Baby, versteht sich. Auch wenn ich rückblickend eingestehen muss, dass ich mich damals nicht anders verhalten habe, um zu demonstrieren, dass ich´s ganz sicher packe!

Es macht mich traurig, wenn das Bild der perfekten Mutter in Gemeinden gepflegt wird und weder Erschöpfung noch Zweifel, weder Überforderung noch depressive Verstimmungen noch völlige Hilf- und Ratlosigkeit in der Erziehung oder Eheprobleme unter Müttern zur Sprache kommen dürfen. Welch eine Einsamkeit und welch ein Druck dahinter stehen, habe ich selbst durchlitten.

Und darüber hinaus habe ich mich in meiner ganzen Selbstüberforderung auch schuldig gemacht, indem ich die Härte und Unbarmherzigkeit, die ich mir selbst gegenüber an den Tag legte, auch meinen „Mitmüttern" und anderen Menschen angedeihen ließ.

Ich glaube nicht, dass solche Zusammenhänge bewusst sind, aber ich bin überzeugt, sie spielen eine Rolle. Und vielleicht haben wir Mütter dann auch zusätzlich noch ein schlechtes Gewissen (bei mir war es jedenfalls so), dass wir unseren Kindern bei dieser Grundhaltung gar nicht gerecht werden können – mit der Folge, dass wir uns noch mehr anstrengen und noch mehr versuchen zu beweisen, dass wir das alles schaffen, weil wir ja Jesus haben.

Wir kommen gar nicht auf die Idee, dass Jesus sich vielleicht etwas ganz anderes von uns wünscht, nämlich dass wir uns von ihm heilen, trösten und anrühren lassen und aufhören, uns durch unsere vergeblichen Bemühungen alle Kraft und Lebensfreude zu rauben, die wir für unseren Alltag so dringend benötigen.

Ich weiß inzwischen, dass ich Jesus kaum an diese Überforderung und das schlechte Gewissen herangelassen habe. Erst in dem Jahr ohne Veranstaltungen, in dem es die Versuchung des Vergleichens und diese Art pseudogeistlichen

Wettbewerbs nicht gab, habe ich gemerkt, unter wie viel selbst gemachtem Druck und schlechtem Gewissen ich gelitten habe.

Das Er- und dann auch Bekennen dieser falschen Grundhaltung vor Gott hat mich unglaublich entlastet und mir eine ganz neue Freiheit gegeben, zu meinen Grenzen zu stehen und damit auch meine Fähigkeiten besser in den Blick zu bekommen. Mit der ganz praktischen Folge, dass ich mich mehr zurückhalte, wenn Kaffeekocher, Kinderhüter, Tortenbäcker und Putzhilfen gesucht werden; dass ich lockerer geworden bin in Haushaltsdingen: Bei uns kann man vom Fußboden essen, weil man da immer etwas findet, und hin und wieder wohnen Staubmäuse hinter dem Sofa (und manchmal liegen sie ganz offen irgendwo herum).

Krumpelige, knochentrockene Wäsche, die schon seit längerem darauf wartet, gebügelt zu werden, versetzt mich immer noch nicht in

Das Er- und dann auch Bekennen dieser falschen Grundhaltung vor Gott hat mich unglaublich entlastet.

Begeisterungsstürme, aber auch nicht mehr in tiefe Depressionen. Und ich kann es jetzt aushalten, wenn die von meinem Mann geputzten Fenster hier und da Streifen aufweisen und wenn die von ihm einsortierte Wäsche nicht immer dort liegt, wo sie hingehört. Manchmal merke ich das auch erst daran, dass eine unserer kleinen Töchter drei Nummern zu große schwarze Socken trägt – aber so wichtig scheint es auch wieder nicht zu sein, denn sie hat sie immerhin angezogen.

Inzwischen lasse ich mich von meinem Mann sogar beim Bügeln entlasten, was ich bis vor einiger Zeit noch nicht konnte, weil ich Angst hatte, dass seine nicht ganz perfekt gebügelten Manschetten an den Oberhemden mir angelastet werden könnten. Inzwischen lasse ich ihn gewähren, freue mich darüber, dass er mir auch hier hilft, behalte mir aber vor, meine eigenen Blusen selbst zu bügeln (vielleicht ist das Loslassen dieses Perfektionismus-Zuges auch eine Übung für Fortgeschrittene). Ich halte es jetzt aus, auch ohne Mitbringsel und Kuchen (schließlich sind wir sieben!) zu einer Einladung zu gehen, und ich glaube nicht mehr an den Mythos, dass Selbstgebasteltes wertvoller ist als Gekauftes.

Und das Schönste: Mann und Kinder danken es mir mit Offenheit, Vertrauen und Nähe, und sie zeigen mir auch umgehend, wenn ich wieder in alte Verhaltensweisen zurückfalle.

Ich weiß, dass ich nicht alles schaffen kann, was anliegt (oder auch nur vermeintlich anliegt), geschweige denn, perfekt. Also tue ich eins nach dem andern und lege sogar Pausen ein, immer mit dem Gedanken im Kopf, dass ich in Ordnung bin, weil Jesus mich annimmt, wie ich bin. Ich muss nicht perfekt sein, um von ihm geliebt zu werden. Ich brauche nur zu sein, die ich bin, und genau so zu ihm zu kommen und bei ihm zu bleiben.

Was meinen Beruf angeht, so habe ich bis vor gar nicht langer Zeit geglaubt, dass er meine eigentliche Erfüllung sei. Wenn ich mich in irgendwelchen Arbeitsgruppen oder Diskussionskreisen vorstellen musste, fing ich für mich eigentlich immer erst an zu existieren, wenn ich über meinen Beruf gesprochen habe. Ich habe

> *Mein Beruf ist ein Geschenk, weil ich ihn zu Hause ausüben und damit zum Lebensunterhalt beitragen kann, aber er ist nicht meine Erfüllung.*

mich immer begeistert geäußert und selten bis nie ein Wort darüber verloren, wie oft ich mich an den Computer quälen musste.

Je mehr ich mich selbst angesehen und Jesus gefragt habe, wie er mich sieht, desto klarer wurde mir, dass ich meinen Beruf zwar sehr liebe, dass ich ihn aber auch überhöht hatte, um mich aufzuwerten. Mein Beruf ist nicht *nur* eine Möglichkeit, meine schöpferischen Möglichkeiten zu leben, sondern oft auch eine Last, weil ständig Termindruck besteht. Er ist ein Mittel, mich auszudrücken, aber ich wünsche mir sehr, dass Gott mir darüber hinaus noch andere Möglichkeiten zeigt, die vielleicht zur Zeit noch brachliegen.

Mein Beruf ist ein Geschenk, weil ich ihn zu Hause ausüben und damit zum Lebensunterhalt beitragen kann, aber er ist nicht meine Erfüllung.

Seit mir das klar ist und ich es auch vor mir eingestehen kann, habe ich nicht mehr so hohe Erwartungen, Befriedigung in meinem Beruf zu finden. Der Druck, dort ganz toll zu sein, weicht. Ich kann entspannter arbeiten und auch besser aufhören, um bei Mann und Kindern zu sein – nicht nur körperlich anwesend, sondern wirklich für sie da zu sein. Ich weiß, dass ich nicht meine Arbeit bin und dass ich vor Gott noch genauso wertvoll sein werde, wenn ich eines Tages nicht mehr meinen Beruf ausübe.

Aufrecht gehen und gehen lassen

Ich kann meine Erwartungen herunterschrauben

Nach dem Jahr ohne Gemeinde stellte ich fest, wie fordernd ich mir selbst und anderen gegenüber aufgetreten war. Das Bild von mir selbst, dem ich nie genügen konnte, ohne Außergewöhnliches zu leisten, habe ich auf meine Mitmenschen übertragen und bin dadurch in eine Haltung geraten, in der ich von den anderen erwartete, anders zu sein, als sie nun einmal waren. Dadurch habe ich sie oft blockiert, genauso wie ich blockiert bin und mit Abwehr reagiere, wenn jemand mir sagt, was ich tun oder lassen soll. Denn das bedeutet ja im Grunde, dass ich so, wie ich bin, nicht in Ordnung bin – abgelehnt.

Weil Jesus mich bei der Hand genommen und mich mehr in seine Liebe gezogen hat, weil er mir deutlich gemacht hat, dass er keine Bedingungen stellt, sondern mich einfach nur immer weiter liebt, kann ich mich und andere jetzt besser sein lassen, wie wir sind – mit allem Drum und Dran. Dabei erlebe ich, dass diese Barmherzigkeit mir selbst und anderen gegenüber die Grundlage vertrauensvoller Beziehungen ist.

Nach dem Jahr Auszeit habe ich wieder Sehnsucht nach Gemeinschaft bekommen und mich ganz langsam und vorsichtig wieder der Gemeinde genähert – ohne „Dienste", ohne Gespräche, ohne weitere Kontakte als den Gottesdienst. In einen Hauskreis bin ich erst drei Jahre später wieder gegangen. Diese behutsame Annäherung habe ich als sehr angenehm und entlastend erlebt, auch weil es in der Gemeinde, in die ich kam, akzeptiert wurde. Ich wurde nicht bedrängt, und es hat mich auch niemand aufgefordert, etwas zu tun. Ich durfte einfach nur da sein, und dafür bin ich sehr dankbar.

Gegen Ende meiner Auszeit las ich irgendwann die Geschichte von der verkrümmten Frau (Lukas 13,11-13). Diese Zeilen sprangen mich plötzlich regelrecht an.

Die Frau hatte seit Jahren einen verkrümmten Rücken und konnte nicht aufrecht gehen. Jesus heilte sie und richtete sie wieder auf. Ich empfand beim Lesen eine große innere Nähe zu dieser Frau – und dann traf mich die Erkenntnis: So verkrümmt wie diese Frau bin ich auch gewesen, durch Verletzungen, durch Schuld, durch Minderwertigkeitsgefühle. So verkrümmt war ich, dass ich außer meinen eigenen Füßen kaum noch etwas sehen konnte.

In dieser Haltung ist es unglaublich anstrengend, andere überhaupt zu sehen und mit ihnen zu reden. Man merkt nicht mehr, wenn andere sich einem liebevoll zuwenden – es sei denn, sie tun es sehr hartnäckig. Man spürt die Liebe anderer Menschen nicht mehr, und das Schlimmste ist, man kann nicht aufblicken zu Gott, von dem man ja eigentlich alles erwarten darf. Man ist völlig auf sich selbst fixiert und kümmert vor sich hin.

Aber auch wenn ich Jesus nicht mehr im Blick gehabt, wenn ich lange Zeit nicht zu ihm aufgeblickt hatte – er hat sich nicht enttäuscht abgewandt, sondern ist zu mir gekommen, hat mich aufgerichtet, hat gesehen, was mir fehlt, und es mir gegeben.

Ich stehe jetzt (mehr oder weniger) aufrecht, so aufrecht eben, wie ich kann. Ich kann meine Hände zu ihm erheben und alles von ihm erwarten.

Aus der Gemeinschaft herauszugehen, um Jesus zu erfahren, ist kein Patentrezept, und es ist auch nicht immer der richtige Weg. Jesus ist in der Gemeinschaft und er handelt dort, das ist in der Bibel immer wieder nachzulesen. Aber er ist eben auch dort, wo wir mit all dem, was wir über ihn wissen, hören und erfahren, nicht mehr klarkommen, wo wir das Gehörte mit unserer Alltagsrealität nicht mehr in Übereinstimmung bringen können. Jesus ist auch dort, wo wir das Bild, das uns von ihm vermittelt wird, in Frage stellen, weil wir nicht mehr das Bild wollen, sondern ihn selbst.

Die eigene Vergangenheit ansehen

Ich erkenne immer deutlicher, dass viele meiner Schwierigkeiten (mein Leistungsdenken, meine Minderwertigkeitsgefühle und Selbstüberforderung) ihre Wurzeln in meiner Vergangenheit haben. Wie die meisten anderen Menschen reagiere ich als Erwachsene mit Verhaltensmustern, die in der Kindheit in der jeweiligen Lebenssituation hilfreich und nützlich waren, mir jetzt als erwachsener Frau jedoch äußerst hinderlich sind.

Für mich persönlich war es buchstäblich „lebensrettend", mit Hilfe meiner Seelsorgerin und unter dem Schutz von Jesus Situationen in meiner Kindheit noch einmal anzusehen, um zu erkennen, wodurch meine Verletzungen verursacht waren. Das war und ist oft immer noch ein schmerzlicher Weg, weil dabei Gefühle zu Tage gefördert oder ausgelöst werden, die ich sehr lange verdrängt hatte und die sich schließlich mit Zorn, Beschämung oder Angst massiv äußerten.

Nur wenn ich mit Jesus, unter seinem Schutz und in seiner Liebe diese alten Wunden ansehe und eingestehe, dass sie da sind, kann er sie heilen. Ich bin dankbar, dass ich all die „schlechten" Gefühle, die dabei hochkommen, zu ihm bringen und vor ihm zum Ausdruck bringen darf, damit sie sich nicht mehr gegen mich selbst oder völlig unbeteiligte Personen richten.

Es geht dabei weder um Schuldzuweisungen gegen Eltern, Ehepartner, Geschwister oder andere Menschen, noch hat es mit egoistischer Selbstbespiegelung zu tun. Sondern es geht darum, festzustellen und einzugestehen, dass mir Unrecht zugefügt wurde und ich ebenfalls Unrecht getan habe. Erst wenn ich eingestehe, dass andere an mir schuldig geworden sind und ich an anderen, kann Vergebung stattfinden und Heilung geschehen.

Für mich war das am schmerzlichsten – ein Gefühl, als ob ich am tiefsten Punkt angekommen war, aber ich habe die Güte Gottes auch gerade da, bei diesem schweren, aber grundlegenden Schritt, besonders stark erlebt.

Er hat mir Zeit gelassen, mich nicht gedrängt oder gar gezwungen, mir bestimmte Stellen meiner Vergangenheit anzusehen, sondern er hat immer gewartet, bis ich wirklich bereit war. Er gab und gibt mir Zeit zum Trauern über Schuld, Verluste, Versäumtes, Fehler, Versagen. Auf diesem Weg, bei dem ich das Tempo und auch die Themen bestimmen darf, hat er mich eingeladen, ihm zu vertrauen, dass er mich nicht überfordert oder allein lässt oder ablehnt.

Ich durfte vor ihm all das ausbreiten, was mein Leben so belastet und mir so viel von meiner Kraft geraubt hat, „verbotene" Gefühle wie Wut, Scham, Angst, Trauer – und er hat mich so gelassen und mich weiter geliebt. Er hat immer wieder durch Worte, Gespräche, Bilder, Geschichten und Lieder, ja, sogar durch Träume bestätigt, dass er mich will und dass er mich heilen will.

Und wofür ich ihm am dankbarsten bin, wofür ich ihn unendlich liebe und bewundere: ER HAT MICH NIE BESCHÄMT ODER MEINE WÜRDE VERLETZT. Für mich war genau das ein großer, deutlicher Beweis für seine Güte.

Herausfinden und erleben, wie Jesus mich liebt

Heute betrachte ich es als eine meiner größten Aufgaben, mich mit den Augen Jesu zu sehen. Ich bin davon überzeugt, dass dies zu unseren wichtigsten Aufgaben als Christen gehört. Mir wird immer deutlicher, wie viel Unrecht und Elend seine Ursache in Minderwertigkeitsgefühlen hat.

Es gibt so viele Stellen in meinem Wesen, die

ich nicht leiden kann und deshalb ablehne oder verdränge. Aber je mehr ich diese Seiten ablehne, desto mehr negative Wirkung bekommen sie und desto mehr Raum fordern sie in meinem Leben. Ich erlebe, wie sie mich im Kontakt mit anderen Leuten anspringen.

Und dann ist da wieder die Stimme von Jesus, die sagt: „Ich liebe dich so, wie du bist! Ich stelle keine Bedingungen. Ich höre nicht auf, dich zu lieben, auch dann nicht, wenn du Fehler machst. Denk daran, ich bin für dich gestorben, als du Sünderin warst."

Wenn ich das immer wieder höre und es mein Herz immer ein bisschen mehr erreicht, kann ich auch diese von mir ungeliebten Seiten ansehen, ihre Existenz zur Kenntnis nehmen und eingestehen. Sie können mich nicht mehr beherrschen, und ich brauche mich oder andere nicht durch sie zu verletzen.

Und selbst wenn ich immer einmal wieder an denselben Stellen scheitere und schuldig werde, merke ich: Es hat auch seine Vorteile, diese Stellen noch einmal anzusehen. Sie dürfen da sein. Das heißt nicht, dass ich sie gut finden muss. Sie zeigen mir, wie die Wunden und Verletzungen, die darunter liegen und Probleme verursachen, Schicht für Schicht geheilt werden. Jesus behandelt und heilt langsam und nachhaltig, damit die Krusten von Angst, Schmerz, Wut und Scham, die sich um mein Herz und meine Seele gebildet haben, langsam aufgelöst werden und schließlich ganz abfallen können.

Ich kann endlich aufhören, mich selbst zu bekämpfen, was so manchen Adrenalinstoß verhindert – und damit auch gut ist für Herz, Magen und Stimmung. Seine Güte wirkt sich ganzheitlich aus.

Jesus hört nicht auf, das Gute in mir zu sehen, und dieser Blick auf mich, seine grenzenlose Liebe zu mir, ist letztlich meine einzige Motivation, mich zu verändern (verändern zu lassen), denn sie weckt in mir den Wunsch, zu lieben wie er, ebenso leidenschaftlich und bedingungslos.

Mike Yaconelli erzählt eine Geschichte, die wunderbar veranschaulicht, dass ich so unvollkommen, wie ich bin, mit Gott Gemeinschaft haben darf:

„Stellen wir uns einen ganz durchschnittlichen Mann vor, einen jungen Vater, bei dem jeder Tag routinemäßig gleich abläuft. Etwa um halb sechs fährt er nach Hause, stellt sein Auto in die Garage, geht mit der Aktentasche in der Hand zum Haus, holt die Zeitung, geht zur Haustür, betritt das Haus, stellt die Aktentasche in die Diele, legt die Zeitung auf die Couch im Wohnzimmer, geht dann durch den langen Flur in die Küche. Dort öffnet er einen Schrank, nimmt ein Glas heraus und stellt es auf den Tisch. Er öffnet den Kühlschrank, nimmt eine Milchflasche heraus, gießt Milch ins Glas und stellt die Flasche in den Kühlschrank zurück. Ohne nachzudenken nimmt er das Glas mit der Milch, holt sich einen Keks aus der Keksdose und geht hinüber ins Wohnzimmer. Dort setzt er sich hin, schaltet mit der Fernbedienung den Fernseher ein, sieht sich die Nachrichten an, trinkt dabei die Milch (...)

Jesus behandelt und heilt langsam und nachhaltig.

An einem Abend kommt der Vater nach Hause und geht wie immer seinen Gewohnheiten nach. Als er das Haus betritt, seine Aktentasche und die Zeitung ablegt, sieht er plötzlich seinen Sohn in der Diele stehen und ihn anlächeln (...) Sofort weiß der Vater, dass das Kerlchen irgendetwas im Schilde führt. Also bleibt er stehen und sieht zu, wie sein Sohn sich umdreht und Richtung Küche davonsaust.

Angenehm überrascht, schleicht der Vater ihm nach, um zu sehen, was sein Sohn vorhat. Der kleine Junge läuft in eine Ecke der Küche, zieht dort die unterste Schublade heraus (was er eigentlich nicht darf), klettert von der Schublade auf den Küchenschrank (was er erst recht nicht darf), öffnet den Schrank und holt ein Glas heraus, wobei alle anderen Gläser umfallen. Zum Glück geht keines kaputt. Mit dem Glas in der Hand turnt er über die Schublade wieder auf den Küchenboden hinunter und rennt hinüber zur Keksdose. Er streckt sich, so weit er nur kann, und erreicht die Dose mit Mühe, wirft sie um und alle Kekse rollen über den Boden.

Ohne seinen Vater zu beachten, sammelt er rasch alle Kekse wieder auf und legt sie mit Ausnahme von einem wieder auf den Tisch. Mit diesem Keks und dem Glas in der Hand saust er zum Kühlschrank, legt Keks und Glas auf den

Boden, öffnet den Kühlschrank und zerrt die Zweieinhalb-Liter-Milchtüte heraus. Sie ist für einen Dreijährigen schrecklich schwer, gleitet ihm auch prompt aus der Hand und etwas Milch ergießt sich auf den Boden. Doch er nimmt die Tüte wieder hoch und will Milch in das Glas gießen, wobei er schrecklich hin und her wackelt und eine Menge Milch verschüttet.

An jedem anderen Abend hätte der Vater jetzt schon längst geschrien und geschimpft, was der Sohn doch für ein schreckliches Durcheinander anrichte. Doch stattdessen scheint der Vater zu merken, dass hier etwas viel Wichtigeres vor sich geht; deshalb wartet er geduldig, bis der kleine Kerl mit dem Keks und dem Glas in der Hand und einem breiten Lächeln im Gesicht zu ihm läuft. Der Vater nimmt ihn in seine Arme und sagt: ‚Danke, mein lieber Sohn!' Er hat erkannt, dass sein Sohn ihm ein großes Geschenk gemacht hat.

Wie viele Jahre meines Lebens habe ich mir vorgestellt, dass Gott an der Küchentür steht und sagt: ‚Mike, stell sofort das Glas wieder hin! Hör auf mit dem Unsinn! Runter vom Küchenschrank.' Ich hatte ja keine Ahnung, dass Gott, als ich mit meiner Milch und den Keksen zu ihm gestolpert kam, die Küche meines Lebens in völliger Unordnung, mich trotz der verschütteten Milch liebte, seine Arme ausbreitete und sagte: ‚Danke, Mike. Du bist ein wunderbares Geschenk für mich!'"[1]

Weil er mich liebt, darf ich mich auch lieben

Was bedeutet es konkret, mich mit den Augen Gottes zu sehen?

Ich erfahre es als Erlaubnis und Aufforderung, mich selbst genauso im Blick zu haben wie meine Mitmenschen. Es bedeutet, dass ich mich für mich selbst und meine Belange interessieren darf. Das ist gute Nachricht, besonders für Christen.

Für mich war es schon erstaunlich, im Laufe des beschriebenen Weges festzustellen, dass ich nicht den Hauch einer Ahnung hatte, was ich gerne tat, welche Vorlieben ich hatte, wobei ich besonders gut entspannen kann, was kleidungsmäßig gut zu mir passt usw.

Mich mit Gottes Augen zu sehen, bedeutet, dass

ich etwas wollen und mir etwas wünschen darf – auch für mich! Ich darf aktiv und engagiert für mich selbst eintreten, darf Grenzen setzen und mir Schutzräume vorbehalten. Ich darf mir selbst wichtig sein. Und das ist so, weil Jesus mich zum einen liebt und mir in dieser Liebe all das zugesteht (er fordert mich in seinem Wort sogar ganz konkret dazu auf, mich zu lieben), und zum anderen, weil ich nur weitergeben kann, was ich selbst bekommen habe – das gilt für Mitgefühl, Liebe, Dienen, Barmherzigkeit und vieles mehr.

Mich mit Gottes Augen zu sehen, bedeutet, dass ich etwas wollen und mir etwas wünschen darf – auch für mich!

Wer sich selbst nicht an- und damit ernst nimmt, kann auch andere nicht an- und ernst nehmen. Das Äußern dieser Überzeugung führt unter Christen immer wieder zum Vorwurf des Egoismus, aber meiner Meinung nach liegt das an einem Missverständnis.

Egoistisch ist jemand, der sich selbst, seine Person und seine Anliegen in den Mittelpunkt stellt und beides zum Maßstab und Ziel seines Handelns macht, also die eigenen Anliegen stets denen der anderen *über*ordnet.

Um gesunde Selbstliebe handelt es sich dagegen, wenn man mit allen Rechten und Pflichten *neben* dem anderen steht und bewusst unter Gott. Man kann sich selbst achten und wichtig nehmen, aber auch für den anderen einen Schritt zurücktreten und sich unterordnen, ohne dass das eigene Selbstwertgefühl darunter leidet.

Jesus selbst hat sich auch um seine eigenen Belange gekümmert (die natürlich seinem Auftrag untergeordnet waren), beispielsweise indem er sich immer wieder zurückzog, um in der Stille mit dem Vater zusammen zu sein und sich für seine Aufgabe neu ausrüsten zu lassen. Und er tat das auch, wenn viele Menschen von ihm Hilfe und Heilung erwarteten.

Dass ich meine eigenen Bedürfnisse ernst nehmen darf, hat sehr reale Auswirkungen auf meinen Alltag. Ich darf Pausen machen, Zeit für mich haben. Ich darf Grenzen setzen und meine eigenen Kraftreserven im Blick behalten. Ich darf dafür sorgen, dass ich mich nicht selbst überfordere und von anderen nicht überfordert werde. Ich erlebe: Wenn ich darüber mit Jesus im Gespräch bleibe, reichen meine Kräfte immer für das, was direkt vor meinen Händen ist, und auch für anderes, weil ich selbst entscheiden darf, was ich tun kann und will und was nicht.

Ich darf entscheiden

Weil ich selbst entscheiden darf, wie viel ich tue, fällt ganz viel innerer Widerstand weg, und ich kann freier die Bedürfnisse meiner Familie ernst nehmen und erfüllen. Mein Alltag fühlt sich dadurch nicht mehr wie eine Zwangsjacke an.

Gerade als Christen sind wir nämlich nicht zur Passivität und zu duldendem Leiden bestimmt, es sei denn, wir haben in ganz konkreten Situationen einen Auftrag von Gott dazu. Manchmal habe ich den Eindruck, dass diese duldende Haltung oft nichts anderes ist als die Angst, sich dem eigenen Leben und seinen Herausforderungen zu stellen und selbst Verantwortung zu übernehmen.

Wenn es nach Gott geht, so dürfen wir aktiv und offensiv die Belange seines Reiches fördern, ja, wir sollen es sogar („trachtet zuerst nach dem Reich Gottes ..."; Matthäus 6,33). Nach meinem Verständnis bin ich ein Teil seines Reiches, wenn ich zu Jesus gehöre. Mit meiner Entscheidung für Jesus bin ich nicht Opfer meiner Lebensumstände und seelischen Defizite geworden, sondern sein Kind, mit allen Rechten und Pflichten. Indem ich für mich selbst Entscheidungen treffe, indem ich sage, was ich will und was nicht, werde ich frei vom Funktionieren-Müssen, von dem Gefühl, nicht gesehen und schon gar nicht wertgeschätzt, als Person gar nicht wahrgenommen zu werden.

Jesus nimmt mein Wollen und meine Entscheidungen ernst. Praktisch bedeutet das für meinen Alltag: Wenn meine Kinder mittags aus der Schule nach Hause kommen, hört es sich in unserer Küche an wie in Babel! Es sprechen zwar alle Deutsch (die Teenager unter ihnen allerdings nur noch rudimentär), aber sie reden alle gleichzeitig und überaus detailliert und engagiert über ihre Erlebnisse am Schultag. Jetzt habe ich zwei Möglichkeiten:

Ich lasse die Situation wie ein Opfer über mich ergehen und stecke viel Kraft in meinen inneren

Widerstand gegen dieses Ausgeliefertsein, oder ich treffe gegen 12.30 Uhr die Entscheidung, dass ich ihnen zuhören, allerdings sie beim Betreten der Küche darum bitten will, nacheinander zu reden, weil sonst niemand etwas davon hat.

Wenn ich mich in diesem Sinne bewusst mit der Situation einverstanden erkläre, bin ich nicht mehr ausgeliefert und kann sie (immer öfter) sogar genießen. In jedem Fall ist dieser Teil meines Lebens nicht mehr so unverhältnismäßig kräftezehrend.

In den letzten Jahren habe ich gelernt, wie wichtig es ist, innerlich wirklich bei dem zu sein, was ich tue, ein inneres Ja dazu zu haben. Ein Nebenprodukt hierbei besteht darin, dass ich nicht mehr so viele Dinge gleichzeitig tun kann und daher entspannter und nicht mehr so gehetzt bin.

Ich darf Grenzen setzen und meine eigenen Kraftreserven im Blick behalten. Ich darf dafür sorgen, dass ich mich nicht selbst überfordere und von anderen nicht überfordert werde.

Fallen mir bestimmte Situationen besonders schwer oder kosten sie mich besonders viel Kraft, frage ich mich inzwischen, wo der innere Widerstand sitzt und worin er seine Ursache hat. Dann halte ich Jesus die Situation und meine Gefühle hin. Das entlastet mich, weil ich nicht mehr allein damit bin, und Jesus freut sich über mein Vertrauen.

Ich darf sein, wie ich bin – die anderen dürfen es auch

Was wohl am meisten zu meiner inneren Befriedigung beigetragen hat, ist die immer stärker und stabiler werdende Gewissheit, dass ich sein darf, wie ich bin – von Jesus, meinem Erlöser, bin ich immer geliebt. Das schließt wirklich alles mit ein: Morgenmuffeligkeit, Ungeduld, Übergewicht, Impulsivität im falschen Augenblick und Hühneraugen.

Natürlich bedeutet das nicht, dass das alles toll ist und deshalb auch so bleiben muss, aber es darf jetzt sein. So banal es klingt, so entlastend ist dieser Aspekt.

Ich bin geliebt und angenommen. Auch wenn meine Selbstliebe den schmalen Grat verlässt und in Richtung Egoismus abstürzt, auch wenn ich Grenzen übertreten oder wieder gar nicht gesetzt habe. Auch wenn ich Anfälle von Selbsthass habe, weil ich meinen Kindern nicht das sein kann, was sie gerade brauchen.

Auf eine geheimnisvolle Weise, ganz langsam, aber stetig lerne ich die anderen ebenfalls zu lassen. Es macht mir nicht mehr so viel Angst, mein Gegenüber nicht „im Griff" zu haben und dadurch verletzlich zu sein. Durch die Erfahrung, so angenommen zu sein, wie ich bin, kann ich auch anderen Raum und Freiheit zugestehen.

Wenn ich Zeit für mich haben darf, kann mein Mann sie auch haben. Wenn ich Angst vor dem Urteil anderer habe und deshalb eine Maske aufsetze, verstehe und akzeptiere ich es jetzt auch eher, wenn andere das tun, auch wenn ich es schade finde und mir wünsche, es wäre anders.

Dieses Mich-und-andere-lassen-Können erlebe ich zunehmend als einen inneren Frieden. Ich muss nicht mehr pausenlos an anderen herumkritisieren und kann sie immer besser stehen lassen.

Es darf mir gut gehen

Was zunächst höchst gewöhnungsbedürftig für mich war, trägt immer mehr auch zur Stärkung meines Vertrauens zu Jesus bei.

Als ich begann, meine Empfindungen, Stimmungen genauer anzusehen und angemessen ernst zu nehmen, statt sie als falsch, unwichtig oder hinderlich abzutun, stellte ich fest: Ich konnte es nicht zulassen, wenn es mir gut ging! Wenn ein Übersetzungsauftrag erledigt, endlich Ferien, ein Problem gelöst war, ging es mir schlecht, körperlich in Form von Rückenschmerzen oder Migräne, fast immer auch seelisch. Ich war deprimiert, gereizt, antriebslos. Es war, als könnte ich mir selbst nicht zugestehen, dass es mir gut geht! Tief in meinem Innern war das Gefühl, dass ich es eigentlich nicht verdient hatte, dass es mir nicht zustand.

Irgendwann wurden auch dafür die Ursachen aufgedeckt, die ebenfalls weit zurückreichten, und Jesus hat diesen Bereich geheilt. Heute geht es mir gut, wenn es mir gut geht. Jesus will es so!

Jeder Schritt ein Schritt zu ihm und auch zu mir

Mein Vertrauen zu Jesus nimmt immer mehr zu, weil er meine Wunden kennt und nicht darauf schlägt, sondern sie reinigt und versorgt. Es gibt zwar hin und wieder Rückschritte, aber sie dürfen sein. Inzwischen sehe ich in ihnen auch die Aufforderung Jesu, mir bestimmte Punkte des Weges anzusehen. Das tut zwar meistens noch einmal weh, aber irgendwann kann ich das Schmerzliche ansehen und ihm den angemessenen Platz in meinem Leben und Denken zugestehen. Ich brauche nicht mehr zu verdrängen.

Mit dem Heilwerden stelle ich fest, dass meine Neugier wächst, wie die Frau, als die er mich schuf, wohl aussieht. In einer Geschichte wird Michelangelo gefragt, wie er die wundervolle Marmorstatue des David geschaffen habe. Er soll geantwortet haben: „Ich habe alles weggemeißelt, was nicht David war."

Gott hat eine Vorstellung davon, wie ich bin, und seine Frage an mich lautet, ob ich genug

Vertrauen zu ihm habe, alles von mir wegmeißeln zu lassen, was nicht Antje Balters ist.

Ich habe ihm das erlaubt, aber es hat auch schon Tage gegeben, an denen ich das bereut habe, und immer wieder habe ich Angst vor meiner eigenen Courage. Doch Jesus beweist mir, dass seine Güte wirklich nicht nur ein Traum ist, sondern Realität. Er überschüttet mich immer wieder damit. Durch das, was er „weggemeißelt" hat, bin ich von Lasten befreit worden, und es wurde der Weg zu etwas Besserem frei (in der Regel hat er mich sogar noch gefragt, ob ich bereit bin, es herzugeben). Dieser Umwandlungs- und Werdungsprozess ist hin und wieder immer noch sehr schmerzlich, aber ich bin immer sicherer, dass Gott nur Gutes mit mir im Sinn hat.

Die Frau in dem Zug in Mecklenburg-Vorpommern ist durchschnittlich – nicht auffällig, aber innerlich feiert sie ein Fest. Sie weiß, dass sie geliebt und angenommen ist, und in diesem ganz unspektakulären Augenblick genießt sie ihr Leben wie selten zuvor.

---

1 Mike Yaconelli, Der ungezähmte Glaube, Wuppertal 1998, S. 85ff.